UM COPO DE NUVENS

Toni Roberto

DEDICATÓRIA

Ao Pequeno Toni, que nunca deixou de acreditar no Grande Toni até mesmo nos dias mais sombrios. Sem você, este livro nunca teria saído dos meus arquivos. Obrigado pela confiança, inspiração e amor.

APRESENTAÇÃO

A poesia é um exercício solitário e barulhento, intimista e coletivo. A minha experiência com o verso, que, embora essencialmente amadora, já beira os 30 anos, ensinou-me a, silenciosamente, emprestar-me aos "eus" que surgem dos ecos, gritos, sussurros e abstrações que nascem de mim, mas que escapam ao meu controle. Eles já não são meus, eles já não falam (necessariamente) sobre mim, já não dou conta de controlar o significado de cada um deles. Eles vivem apesar de mim.
E aí está a beleza de tudo isso.
Este livro é um recorte do que produzi entre 1999 e 2021. A quem lê-lo, cabe atribuir significado, cor, substância e emoção. A mim, coube a tarefa de registrar o efêmero, o belo (em todas as suas facetas) e o grotesco antes que eles se desfaçam, como nuvens que se desintegram no céu.
O meu desejo é que este copo de nuvens deixe em sua boca o sabor de um drink ainda não inventado.

Saúde!

Toni Roberto

ÍNDICE

UM COPO DE NUVENS

Sentado nas chuvas tardias do inverno
Mal consigo me desagrilhoar da letargia
Mas tenho ambições do tamanho de gigantes

De me inebriar num copo de nuvens
E nele depositar o que sou e o que espero que serei
Embora já não queira ser nada além de um vaso vazio

Num copo de nuvens, numa dose etérea
Mergulho e as dores já não fazem mais sentido
E no coliseu do persistir já não vale a pena enfrentar as
feras

Engolindo nuvens porque nunca me apeteceu o álcool
Engulo também a lembrança de partir
Deixo pra trás as bagagens de dias que foram tortos
E abraço novamente o desejo infantil de voar

ESCADA

No afã de escalar os sonhos
Tombou diante do leviatã medonho
Que é viver

Desejou nunca ter tentado
Pois tentar sempre é entoar o fado
De sofrer

Deitou-se no colo de uma noite serena
E ao olhar as estrelas sentiu pena
De morrer

E perder o inesperado desta terra
Pois quem insiste em si mesmo nunca erra
Ao crer

CACHARREL

Em busca do amor que me era tão íntimo
E largou minha mão como criança travessa
Vagando pelo mundo, perdido, sozinho
Teço a mim mesmo, tentando encontrar a linha que nos une,
Tentando encontrar o caminho que nos reúne.

Será que um dia abraçarei de novo o amor que criei,
Será que um dia afagarei novamente os cabelos do devaneio que persigo?

A angústia me faz galopar sobre um cavalo cruel,
O medo de não saber se terei aquilo que, embora nunca tenha tido,
Já considerava meu.

Sigo traçando a linha.
Talvez seja em vão, porque, tendo perdido o brilho nos olhos,
Facilmente me perco no brilho dos olhos de outro alguém.

A DUREZA DAS CORES

Explorei do arco-íris o fim – e não foi pelas moedas de ouro.
Galguei, subindo as dolorosas escadas da vida que um armário empoeirado me impunha,
A felicidade que a todos era oferecida como um prato rápido de lanchonete.
Ela, no entanto, não me vinha fácil.
Para que eu mergulhasse de cabeça nos mares de viver plenamente,
Eu precisaria abrir mão da minha pele, arrancar de mim tudo o que era genuinamente meu.
Chutei, então, a porta da prisão que me continha,
Gritei a plenos pulmões que eu não viveria à sombra do preto e branco.
Abracei a bandeira que me entregaram, que disseram ser minha.
Mas não foi o bastante.
Entre os meus, eu era estranho.
E, sendo estranho, eu era fraco.
Entre os outros, eu não era ninguém.
E, não sendo ninguém, eu não existia.
De súbito, fui surrado com a bandeira que deveria me definir.
Aberração que não deveria existir.
Corpo estranho que deveria ser expulso.
A bandeira colorida ficou mais vermelha com o meu sangue.
E o peso das cores que teoricamente me protegeriam
Mc calou.

MEUS PRIMEIROS ÚLTIMOS DIAS

No meu último delírio ultrarromântico
Hei de pousar funestos lírios nos lábios que outrora me
feriram
E não me curvarei diante da febre que corrói aos poucos
Minha lembrança de viver

No meu último respiro nebuloso
Ditarei aos ouvidos da terra onírico testamento
No qual deixarei a mim mesmo o delírio de todas as
coisas
Que cabem numa dose de gin

Na última batida do martelo
Sairei do paletó das normas como quem sai de uma festa
vazia
E tomarei posse das ruas que construí com meus ossos
Mas nunca foram minhas

No último suspiro do relógio
Assaltarei minhas próprias posses, quebrarei o silêncio
Oculto nos gritos que me arrebentam o peito
E serei feliz

POMAR

15

Pendendo dos galhos
De uma árvore qualquer
Vi surgir a mágoa
Fruto insosso e duro
Que embora me prenda
Num pesadelo vivo
Cuidadosamente
Cultivo

AS FADAS NÃO CONTAM

Apeguei-me à firmeza estelar do teu desejo
E na aparente sinceridade dos teus dentes sempre à
mostra
Sem saber que no brilho de um sorriso cínico
Se escondia o insano algoz de minhas lágrimas

Embriaguei-me na amargura de Narciso – e não na minha
–
E me entreguei ao desprezo esperando que ele
Tal qual um anfíbio empoeirado de biblioteca
Se tornasse nobre diante de um beijo meu

Equivoquei-me não só no óbvio de sapos não se tornarem
príncipes
Mas também por entregar o meu beijo a quem nunca o
quis

O QUE ELA NÃO LEU

Ela se perdeu no carrossel de acreditar no melhor dos
outros
De não perceber que o melhor dos outros não passa de
uma máscara
Que se tornou uma com a pele de quem a usa

E em busca disso, perdeu o melhor dela mesma
Como quem abandona um tesouro num lugar qualquer
Como se não tivesse valor
Como se fosse um volume insosso entre os achados e
perdidos

Abandonou o genuinamente belo
Que assim o era por ser genuinamente verdadeiro.
Abandonou o genuinamente valioso
Que assim o era por ser genuinamente seu.

Num brilho de vida, percebeu que correu maratonas de
outrem
Percorrendo os caminhos heroicos dos livros,
Que imitou pessoas como quem devora páginas
Ansiando devorar o mundo

E descobriu que não se tratava de ficção, mas de mentira
Porque a ficção é a arte do inventado
E a mentira, o estratagema de quem não se importa

A ARTE QUE EMANA DE TI

Seus cabelos chicotearam o vento tantas vezes,
Seus olhos bradaram para o mundo que você não se dobraria,
Sua arte consertou corações que precisavam se encontrar.

Não foi o bastante.

Seu amor inundou como enchente travessa as almas que tocou.
Seu beijo aqueceu os lábios e o corpo de quem se declarava morto.
Seu corpo rodopiava na ponta dos pés, como se quisesse consertar o giro do mundo.

Não foi o bastante.

O ódio te alcançou sem que você pudesse entendê-lo.
Alguém cravou nas suas costas o punhal que ignora o amor presente em todos os amores.
Alguém lançou teu corpo numa última e dolorosa dança.

Foi o bastante.

Que o gotejar das minhas lágrimas
Seja um tributo ao gotejar do teu sangue.

VASSOURA

Varri pra debaixo da areia
O que me desagrada em mim
Mas o mar, nem um pouco contente,
Revirou-se e, gritando em ondas,
Devolveu-me os embaraços
Disse-me que o que fazia
Era para meu próprio bem
Para eu ser vivo e completo
Não precisava me livrar de algo
Mas de alguém

FORMATURA

Quem espera pela morte como espera pela garota
Que se apronta para o baile de formatura
Certamente se esqueceu de que a beleza de habitar carne
e nervos
Não está na formatura em si
Mas na angústia ansiosa e palpitante de não saber
Qual é o próximo passo a ser dado

Por isso, quem busca por conta própria a rainha do baile
Poderá, sim, vê-la mais cedo e dançar um réquiem feliz
Mas nunca saberá que ela está sempre disposta a dançar
Embora escolha seu par sem avisar ninguém

REFORMAS

Queimei-me
Como quem queima papel velho
E meus olhos jatearam o nanquim insípido de artistas
Que desistiram de me retratar

Gritei
Como a *prima donna* que já odeia a plateia
Diante do fracasso em forma de bufão
Que me tornei empunhando um ideal de nobreza do qual
todos zombavam

Sorri
Diante da epifania que surgiu em meio ao escárnio
De que na corte que me apedrejava
Todos eram parvos

TUDO O QUE PINTAMOS NO MUNDO

Tudo o que pintamos no mundo
Certamente há de estar numa galeria
Ainda que não tenhamos pretensão artística
(será que os gênios algum dia a tiveram?)

Tudo o que pintamos no mundo é o mundo
E por isso é sempre maior do que imaginamos
Pois cada pincelada compõe a pinacoteca
Do grotesco e do sublime
Da dor e do sussurro

Tudo o que pintamos no mundo o fazemos com nossas
veias
E enquanto o vento seca nossas obras, não nos damos
conta
De que vamos ficando sem tinta

E quando chegar o dia da última gota
Mande embora as carpideiras, poupe as lágrimas
Pois teremos incorporado tudo o que pintamos no mundo

ARCOS

Arqueio-me, brandindo a espada
Como o arco do violino
Caminhando no triunfo
E preparando flechas
Pois sei que quando partires
Ainda que cinzento
Tudo será arco-íris

A BAILARINA

Ao pousar de seu primeiro salto
A bailarina sorriu amarelo para a plateia
Pois o peso de si mesma torcera-lhe o tornozelo e o
orgulho

O sorriso quebrado de quem teme o ontem
Ecoou sobre o salão muito mais artisticamente
Do que uma dança tantas vezes repetida e ensaiada

Girou sobre os ligamentos esmagados e os pesadelos
revividos
Se recusando a aceitar que havia sido vencida por seus
monstros

E ao tentar se manter de pé quando devia se render
Tombou para nunca mais levantar

A ÚLTIMA SERENATA

Se alguém tivesse parado para ouvir a sua voz,
Teria ouvido muito mais do que um grito de socorro
aprisionado no peito.
Teria ouvido, entre as incertezas do seu dia, o canto
abafado – porém belo –
De alguém que, com as últimas forças, sorria para o
implacável julgamento dos tolos.
Saberia dos seus planos, seus sonhos, sua vontade de
abrir mão de estar à margem,
Do medo de ser jogada no abismo por aqueles que
decidem quem deve viver.

Tudo o que importava era a melancólica melodia da sua
voz.
Tudo o que importava era ouvir a queixa de quem já
estivera nas mãos enrugadas da morte.
Ninguém ouviu.
Tua voz, tal qual réquiem pra si mesma, pediu ao mundo
por socorro.
Mas onze estampidos, percussão macabra, cruel e injusta,
Foram o último verso da canção da sua vida.

Não ouvimos.
Haverá alguém para nos ouvir?

SÓ

Entre tantas outras flores de padrão melhor do que eu
Entre tantos outros diamantes que cintilam melhor do que
eu
Entre tantos outros perfumes mais ardentes do que eu

Sinto-me só e escrevo

Porque não há uma flor murcha, um diamante falso, um
perfume barato
Não há quem admita que é fraco
E por isso não há quem me abrace quando o pior
finalmente chega

Sinto-me só
E sentir-se só talvez seja uma cela escancarada
Numa prisão sem saída

ENSINA-ME A AMAR

Deveria ser sobre entrelaçar as mãos e voar sobre a
amplidão da praia,
Deveria ser sobre chorar de alegria as lágrimas que tantas
vezes pulsaram de dor,
Deveria ser sobre enfrentar os templários com as armas
do amor e vencer,

Mas é sobre um amor calado por uma lâmina vulgar.

Teu amor não foi válido aos olhos de teus algozes,
Como se houvesse um amor que validasse todos os
outros,
Uma regra absoluta de amar que nos guiasse a um lugar
que nunca quisemos chegar.

Se você amou errado, eu também tenho amado errado a
vida toda.
Também tenho buscado um amor que não se veste no
uniforme que me deram.
Você se foi, mas eu ainda tento decifrar o prato insosso
de amor que me serviram.

Se eu amo errado, ensina-me a amar.

PAIXÃO

Passou por mim como se fosse a brisa
Perene e calma de um fim de dia
Levou de mim tudo o que eu possuía
Ṭal qual espectral sacerdotisa

Cravou tão firme em meu pescoço as unhas
Que me marcou pra me chamar de seu
Num espetáculo sem apogeu
De um ser sem nome, mas muitas alcunhas

E antes que eu pudesse escapar
Roubou de mim aquele último beijo
Que arrancou também o meu desejo
E tão cruel também levou meu ar

DESASSOSSEGO

Nas casas onde cresci
Deixei pequenas relíquias enterradas
Coloquei um pouco de mim debaixo da terra do quintal
Talvez ansiando que alguém encontrasse os sonhos de
uma criança pobre
Talvez esperando que as sementes que em mim
cresceram
Rompessem a terra

Ainda hoje me apego àqueles tesouros que deixei pra trás
A tudo o que abandonei por sentir que já era tarde pra
devaneios
E olhando no espelho percebo que o que abandonei
Talvez seja a peça perdida do quebra-cabeça que me
tornei

Não podendo revisitar as velhas posses daquele menino
Sinto que me faltam respostas
E que ao me construir escolhi os melhores tijolos
Mas me alicercei no vazio

Prossigo no desassossego de não saber até quando
Permanecerei de pé

(INTER)CEDENDO

Na vigília das promessas nunca pagas
Restaram-me as orações sussurradas na solidão
Os joelhos embebidos na dor
E um vazio de respostas

Disseram-me que quem ouve é um Deus de pobres – pois
foi pobre
Mas quem o diz ateia fogo em estrebarias
Torcendo para que o menino que nasceu entre bichos
nunca mais volte

Guiado por eles, deixei de saber por que rezo
Só o fiz, esperando que minhas orações
Protegessem Deus dos homens maus mais uma vez

SEM DEFESA

Jamais conseguirei saltar sobre o obstáculo
De não ter tido o teu corpo junto ao meu
E por não saltar permaneço onde comecei
No dia do beijo insano que me condenou
E me jogou no presídio sem celas e muros
Com livre acesso a todas as felicidades do mundo
Mas do qual jamais consegui escapar

Eu quero fugir porque já cumpri minha pena
(via de regra nunca houve pena)
Porque conquistei o direito de viver o que conquistei
(via de regra sempre esteve ao meu alcance)
Eu quero que seja diferente

Engano-me dizendo que quero conhecer novos toques
Mas na verdade apenas fujo do teu

VERANICO

No meu veranico
As vozes ribombam e os trovões se calam
Diante do desejo que sobrepuja a natureza

Não há calor senão a brasa de homens e mulheres
Que ventam, e alagam, e queimam, e gritam, e sopram
A estética de seus corpos

Termômetros febris
Previsões frustradas
Não há certezas

As mãos que se desencontram
Mas encontram umas nas outras seu propósito
Apontam para silhuetas gotejantes
Num prenúncio do que verão

INFALÍVEL ANTECIPAÇÃO DO AMOR

Antes que vós pensásseis no desejo,
Era já eu o afago, o beijo, o próprio calor
De um terno envolver erótico,
De um sorriso sem jeito,
De um espontâneo pulsar dos enigmas
Da caverna de carne
Cravejada em meu peito.

Antes que compusesses um poema,
Via em mim um amargo dilema, um verso branco,
Um verso que arranco, em vão, de meu peito,
Sangrando, morrendo, explodindo de amor.
Um verso sem métrica, envolto em frio e calor.

Antes que me declarasses qualquer sentimento,
Era eu uma ode viva, um canto que se faz ouvir
Em cada esquina de teu corpo, uma estrofe cativa,
Presa em teu olhar, na pele em que deslizo os dedos,
Na profundidade de teus segredos.

No vermelho de tua pele, durmo.
Respiro luzes, vejo-me no escuro.
Sorrio um sorriso nunca antes imaginado.
E na profana e herege pureza de um explorar divino de
corpos
Encontro a razão intrínseca da vida.
Encontro o segredo oculto em ti.
Encontro-me no mundo.

E quando sinto o fervor de teus quadris
A queimar-me a carne, os ossos e a alma,
quando sinto o gotejar de teu suor
Fazendo parte de mim, apaixonadamente me banhando,
Sem pestanejar, de teu rosto continuo bebendo
O amor que não cabe num poema.

MEU VOO

Uma ave voou em direção aos teus olhos
Pousou no brilho de tua alma.
Rompeu nos teus sentimentos, misturou-se aos céus
E desvaneceu nas próprias lágrimas.

Ingênua, ao encontrar o calor de tua perfídia
A ave se abrigou em ti, derradeiro engano,
E já não era mais possível bater as asas.

Eu sou essa ave a me afogar nos teus sentidos,
A beber do caos nos cachos dos teus cabelos.
Pássaro desbravador a descobrir o que há de novo em ti
Eu voo, te exploro e mesmo assim te desconheço.

SARCÁSTICA ELEGIA

Executaram a minha elegia com um sorriso nos dedos
Uma festa sem lágrimas
Um prantear de conveniência
Pois não havia sequer uma boa alma que se importasse
em fingir
Dor pela partida de quem nunca chegou

E eis que a última canção acabou sendo a primeira
Chegou tardia
E o tom comemorativo não ruborizou qualquer um dos
comensais

Afinal de contas, tivera muito pouco apreço pelas normas
Embora sonhasse intensamente com a valsa da vida

APOCALIPSE

Não há plenos pulmões porque não há ares plenos
Apenas torpes e mundanos venenos
Porquanto o silêncio é tão sólido quanto o flagelo
De dar voz ao opulento e suprimir o belo

Foi-se o livro, restou somente a traça
Gorda, fartando-se em desgraça
No seu incontrolável ofício de devorar
Na sua sede eterna de consumir o mar

Derretemos; o gelo é nosso choro
Enquanto a eles não restou decoro
Desferiram-nos o olhar que aos incautos fascina
Até sobrar pó, cinzas e ruína

PARALISIA DO SON(H)O

Num adormecer descuidado na varanda
Revisitei tudo o que fiz
E ansiei poder trocar tal epopeia sonolenta
Por todos os pesadelos da minha infância

Porque revisitar o passado é se deparar com uma mancha
Que não há quem limpe
E é por isso que insistentemente nos ensinam a olhar pra
frente

Porque o primeiro a olhar pra trás teve medo
E desesperadamente ansiou para que ninguém mais o
fizesse

DOR SOBRE RODAS

Cansado, perdido
Nas rodas de bicicleta que já não me tem serventia
Sigo perseguindo os galopantes caminhos de me
aventurar
Mas sempre acabo em retas linhas, numa trôpega rotina

Pedalo, afogando-me em anseios e suor
E, a cada metro, desfaço-me em minhas próprias metas
Tal qual insaciável atleta a se desafiar
Embora nunca me refaça num eu melhor do que já fui

Meu espírito, sem rodas, despe-se na incerteza das
distâncias
E cheio do vazio que todas as dúvidas encerra
Não sei para onde sigo

Nessa mecânica sinfonia, natural é não se encontrar
Pois anseio explorar o mundo
Mas a bicicleta é ergométrica

A ÚLTIMA CEIA

Na noite de natal, esqueci-me num canto qualquer
Observando os que me fizeram invisível
E por um instante, eu pude perceber o rosto roto
De quem pintou-se em telas renascentistas
Mas com tintas de um falsificador

Eu, que decidi não mascarar minhas cores
Não tenho argumento diante dos que se declararam finas
obras
Pois, se minha vida tem se posto à mostra nas paredes
das cortesãs
Como poderei confrontar os que fingem virtudes nas
galerias?

Num olhar, mais um Natal, mas o melhor deles
Porque tendo olhado a fundo as pinceladas do sarcasmo
Certifiquei-me que seria o último

GLÁDIO

Há de se encontrar
O menor motivo que seja
Para que o brandir de espadas
Encontre algum significado além de si mesmo
Para que o rasgar da pele
O esvair-se oceânico de um vermelho vivo
Se justifique diante das vontades que me removem
Do epitáfio dedicado aos vivos que já não querem mais
E quando eu o fizer
Continuarei a buscar motivos
Porque buscá-los é admitir que embora nada faça sentido
Sigo então tentando significar as coisas
Que já não importam mais

TEÓRICO

Quis se tornar algo belo
Diante da silente devoção de amar
E secou a fonte de se permitir sentir de novo
Engaiolando o rouxinol das próprias emoções

O amor acabou se tornando uma robótica tarefa
Até que enfim se perdeu nas prateleiras
Porque quanto mais se esforçou, mais se perdeu
E quanto mais se perdeu, menos amou

Era sobre um saltitar que se dança ao mover do vento
Mas se tornou a petrificada valsa das obrigações

TRICOTAR

Da janela que dá para rua, revelando os segredos que
todos sabem,
Vejo a senhora de carne cansada que tricota em sua
cadeira senil.
Seu rosto, firme como um carvalho centenário,
Segue os passos que enchem os pavimentos da cidade.

Ela me faz perceber que há mais.

Velhas senhoras enxergam o que escapam do canto do
olho
Talvez porque já calaram a balbúrdia do próprio silêncio
Talvez por que se permitam tricotar e observar uma tarde
de verão

E eu, que sigo tentando tricotar a vida
Tenho perdido os detalhes que as pisadas firmes do
ontem deixam no chão

DEPOIS DA FERA

O corpo em que moro
E que já encerrou
A primavera

Já tantas vezes se perdeu
No mistério confuso
Da quimera

Hoje se agarra no amanhã
Pois o açoite do tempo
Não espera

Há de ser agora
Pois não há como ser feliz
Depois da fera

CANTATA DE UM SÓ

O afligimento de me partir quebra todas as rimas
Mas não cala as notas da fantasmagoria
Por isso, quando estoura a fibrilha que me encadeia
Eu canto

Mesmo que precise harmonizar sozinho
Madrugada afora, ante o calar de vis violinos
Minha voz sempre escapará pelos pulmões

Que venha o destino com os golpes duros
De um punhal afiado e satírico

O tenor – assim como o eu – é lírico.

POEMA PARA APRISIONAR

Alcei um grito no silêncio de mim mesmo
Procurando sentido para as batalhas que travei,
Como quem procura algo que perdera há muito tempo.
Não encontrando razão, escrevi,
A esperança se apagando como a vela votiva da capela de
meus sonhos.

Não encontro as palavras que quero
porque não escrevo para me encontrar.
Escrevo porque já me perdi
E, rodopiando no tango de ilusões e amores que ficaram
pra trás,
Revivo o beijo que encheu de ar os meus pulmões
Mas levou consigo todas as outras coisas.

Escrevo por te amar e não querer te amar,
Ansiando que fiques aqui, na gaiola dos meus versos,
E me deixes voar mais uma vez.

O LOBO

Certo dia, tão comum quanto ontem e hoje,
Um lobo arredio roçou em meus pés
Esbaldando-se em uivos roucos
E exigindo de mim milhões de afagos
Que nunca prometi

Saltou no meu colo, subornando-me a lambidas
Fungando mentiras que escolhi acreditar
Esganiçando juras de amor verdadeiro
As quais sempre quis

Nos fios de seus pelos, um flerte animalesco
Um toque delicado e invasivo
Que desejei

Talvez humano preso nas feições de um canino
Talvez uma alma de lobo debaixo da pele

Daquele que me fez sua presa

NORMA

Sigo sendo reticências em busca de um ponto
Diante do que sou, falho e confronto
Um verso truncado, um semema aberto
Na busca longínqua do que está por perto

Exclamo-me numa angústia descabida
Pois o ardor é do pesar fiel medida
O desejo em pressa vem antes do flerte
E antecipa o desejo de querer-te

De não poder ter o que mais quero
meu sangue sofre em exagero
Pois posto em parêntesis meu amado
Não me faço finito, mas barrado

AMOR EM CARNE

Retrato de um amor que não se mede,
Coração que se entrega, fibra por fibra,
Sorriso que se abre ao ser amado:
Mãe, quando ama, não se explica.
Nos olhos de quem viveu para amar
O filho adormece nas pupilas.

No silêncio escuro, no apogeu do medo
Ela suprimiu o que nos paralisava
Ao nos apertar contra o seu coração
Em dor e ternura.
Quem diz que ser mãe é o maior dos presentes
Ainda não entendeu o que é ser filho.

AMANHECER

As idas e vindas do pêndulo são meu poema
Anseio pelo último despertar
Pois não há mais tempo para me enganar em bordéis

Não sei se bastará explorar o limite das minhas memórias
Mas sinto que carrego fardos que não são meus
E sim os de um homem despedaçado
Preso a um esquife por suas próprias aspirações
Golpeado com o sangue de desistir

Basta de breu, e engano, e trova.
Deixa-me amanhecer.

INCENSO

Já está longe quem eu quis por perto
Já escapou nas mãos do perfumista
Misturou-se a genéricos olores
Minha essência rara entre plebeias flores
Perdeu-se de vista

Já se foi quem abrigou nos meus braços
De todos os seus músculos o tecido
Ficou em mim o cheiro do seu toque
E das juras de amor, só sobrou remoque
Ao pé do ouvido

Já se foi – mas eu ainda preciso
Do seu beijo em meus lábios tão certeiro
De mapear meus oceanos em sua pele
De relembrar que um dia fui dele
Por inteiro

PANDORA

Temos medo da dor.
Da morte. Da miséria.
Da desgraça. Do ódio.
Da concretização dos nossos pesadelos.
Temos medo, mas cruzamos nossos braços numa insígnia
blasfema.

Somos ganância, luxúria, terror,
Desprezo, humilhação.
Somos carrascos da nossa existência.
Somos, enfim,
Nossa própria caixa de Pandora,
Nosso próprio invólucro de pecados.

No sepulcral véu da vida somos envolvidos.

Não damos conta da nossa desgraça.
Agora, jazemos imóveis no íntimo da terra.

Qual foi nosso erro?
Talvez tenhamos nos acostumado
Ao berço aconchegante
De uma solidão inabalável.
Agora estamos eternamente presos
Na armadilha por nós mesmos criada.

Foi nossa a escolha?

1985

Montanhas se cruzam, receosas,
trocam olhares, puros sóis da natureza,
estremecem, curvam-se
e ao mistério de hieróglifos naturais
talhados no papiro da poeira dos meus sonhos
fazem reverência.

(Saber soberano,
meu falar já se desgasta no tempo.
Guardo no bolso esquerdo das minhas calças
a vontade de pular na piscina nostálgica
de me sentir puro e livre mesmo não sendo puro e livre)

Natura dei presta culto à sua criação.
O toque de seus dedos em meu peito
é o eterno retorno de sua maior verdade:

Sou imago vitae, mas sou pó.

A UMA DIVINDADE IMAGINÁRIA

Cândida, alva e da flor tão pura,
pérfida, rota e do beijo venenoso,
vento nas árvores, silêncio que murmura,
entranhas abertas, ventre desejoso,
doce quietude, passiva candura,
grito lancinante que precede o gozo,
espectro divino, santa arquitetura,
rosa absurda de um jardim pomposo!

De tudo o que há aqui na terra
bebeste com uma sede de eras
e seu fulgor pouco a pouco enterra
a beleza de mais de cem mil primaveras.

Mas tens a liberdade de quebrar a Regra,
de dormir sem culpa
(pois se a culpa é coletiva não a é mais)
de saltar as paredes do inconsciente,
de chutar o cosmo.

(Ponho a pensar que o meu mundo
não tem o sabor que deveria ter,
e a beleza que roça seus cabelos
não é minha - e isso me dói).

Retrato de todos os enigmas que jamais resolvi.

O CÂNTICO DA NOITE

A noite fria aos poucos desfalece em meio ao tempo.
Os segundos lentamente se desfazem
na expressão verbal do pensamento.
Meus lábios pedem o hálito da vida.
A esqualidez da sombra se mistura à luz escassa
e diante da lua se transforma.

Ouço passos nervosos.
Medo.
Escuridão.
Culpa.
E pela madrugada o violão ressoa
na sinfonia singular dos ignorantes.

FELINO

Quem na noite teceu estrelas tão belas
Também em seus olhos incrustou estrelas.
No negror de seus pelos meu olhar confino,
Vislumbre de deus em corpo de felino.

Quem alçar um grito na escuridão,
Tremendo de medo, estendendo a mão,
Há de, assustado, encontrar abrigo:
Em seu olhar de gato vai achar um amigo.

Quem na ignorância o julgar perverso
Há de ser empecilho ao seu doce verso
E jamais saberá que, no anoitecer,

Onde todos creem haver bruxaria,
Maldição, agouro e patifaria,
Amor puro há, então, de se esconder.

ANTEPASTO

Na pretensão gastronômica dos bistrôs
Serviram-me o requinte do teu beijo
Fino e engessado como porcelana velha

Chamei o gerente, pois agradavam-me mais as
travessuras de boteco
As pernas trêmulas, envoltas nas nuvens
De uma cachaça barata

Fui convidado a me retirar – e o fiz, aliviado
Pois o beijo que me roubas não tem glamour algum
Mas é meu prato preferido

ANTAGONISTA

As pontas de todas as facas
Apontam para o meu peito
Entre ilusões e espelhos
Daquilo que não sou

Salta sobre mim o fardo de outro viver
Como camisa velha que se desfaz em trapos
Jogada em meus braços como se fosse minha
Cobrindo-me nas festas como manto de vergonha

Nem todo enredo precisa de culpado
Mas fui eu o culpado de todos os que vivi

MÁRTIR

Na pressa de salvar o mundo
Não considerou que havia uma última pessoa a ser salva
No pó mais obscuro sob os tapetes de tudo o que convém
Arrastando consigo a âncora de falhar de novo e de novo

Arrastou para fora dos incêndios
Todos que pôde, ainda que não pudesse
Sendo lambido pelas chamas, marcado na carne
Não notou que faltava alguém

Não salvou a si mesmo
Herói que ninguém pediu

VAZIO

Sempre quis ir além das mãos e tocá-lo com o coração
Alcançá-lo além das estradas de teus pelos
Sempre quis ser mais – talvez mais do que possa ser –
Do que o atrito de lábios apressados, de fachada
Que dão um ao outro um adeus solene de desconhecidos
E se vão para nunca mais voltarem
Embora de fato nunca tenham vindo

Nesse querer, em te querer, agudo, vivo
Despenco abismo abaixo e, fatigado,
Descubro que não é tua ausência que me fere
Não é o teu não querer,
É que eu nunca me quis e esse é o maior vazio.

EXTINTA BONDADE

Sempre me disseram que os bons vencem
Mas nunca me disseram quem são os bons, afinal
Já vi a benevolência abstrata de quem diz viver pelo Bem
Mas se há o Bem ideal que em tese praticam
Por que estômagos e corações secam de fome?

Qual a serventia do Bem praticado em palácios
Por rechonchudos dedos acusatórios
Se as calçadas estão cheias de fantasmas
E ossos partidos em súplicas nunca ouvidas?

O Bem que era o muito de poucos
Arranca o pouco de muitos

MAIS UM PASSO

Por definição e natureza, destruo-me
Com lágrimas de mudança, frio e morte
Tomado por abraços do cupido
Acorrentando-me a sentimento e apego

Mas tenho andado exausto de buscar-me
Buscando em outros peitos o coração que perdi
Álgica batalha na qual já desabei

Nada é coerente, nem o recuo
Nem o passo à frente

NOVEMBRO

63

Névoas estranhas escondem os oceanos de novembro
E o verão encerra calores rudes como um soco

Nem sempre foi assim

No cantar homérico das cigarras, meninos comemoravam
o fim do ano
As senhoras antecipavam as novenas
As cidades se abriam para as festas que estavam por vir

Hoje, novembro antecipa o vazio de significados
Já não há mais a ânsia pelo fim de ciclos, pois já não há
mais ciclos que importem
E quem usa os óculos de gente adulta percebe que
sempre foi assim

Novembro sempre foi uma armadilha aos desavisados

A OBRIGAÇÃO DE SORRIR

64

Quando a derrota tocar a campainha
Lembra-te de ter esperança
E sorri
Porque sorrisos rompem a sombra de planetas

Por mais amarga que seja a canção
Entrega-te ao sorriso
Ainda que por dentro toda a parede de viver tenha se
partido

Quem sorri não nega a fúria das injustiças
Mas as enfrenta como um sopro teimoso
Arredio, mas apenas um sopro
E não cede à tormenta

CONSTATAÇÃO

65

Não sei quando foi
Que minhas páginas começaram a perder o viço
Mas me carrega a sensação de ser movido pelo cansaço
Ainda que esteja longe a hora de parar

Só sei que de repente
As cores se esconderam de mim
A paisagem é um eterno nanquim presunçoso
E a música é uma batida óbvia como o chamado matutino
do despertador

Divido-me entre querer mais e sentir que não consigo
Talvez por nunca ter tentado quando eram meus palco e
plateia
E hesitoso de tudo paro
Diante de um espetáculo que sonhei viver

TERREMOTO

Ele é uma força da natureza
Ele é um fenômeno, ele é um tremor
Chega sem se apresentar, vai embora sem um adeus
É uma erupção, engole-me em fogo
Ele é paixão, mas nunca amor

Ele é a tormenta e eu, o marinheiro
Ele me envolve sem que eu permita
Atira-me nas pedras, reduz meu chão a pó
E quando é calmaria, ele já se foi
Eu sempre sou dele, ele nunca é meu

Ele é algo que nunca quis
E não consigo deixar de querer

ETÍLICO

Os tragos que não bebi às vezes surgem à noite
Imateriais, como arrependimentos de não os ter vivido
E eu sei que se eu deixasse que eles me agarrassem pela
mão
Eu não seria quem sou hoje
(Qual a vantagem em sê-lo?)

Provavelmente eles me largariam na sarjeta depois de me
tirarem tudo
Talvez um pouco mais de embriaguez tivesse preenchido
meu vazio
(Momentaneamente, decerto)
Mas sempre há aquela possibilidade de, num lampejo
ébrio
lançar-se à queda livre de não reprimir desejos

Numa dessas, eu teria tomado o mundo nas mãos
Como se ele fosse a saída para a alegria que busquei

NETUNO

No brilho de seus olhos, cristalinas telas
Vislumbro um mar de singular beleza
E nas lágrimas sutis (que privilégio vê-las!)
Contemplo o florescer astral da natureza.

O explodir das luzes, onde quer que fores,
Revela-o em inúmeras facetas
Nas paixões suaves, no bafejo de frescores
Vejo erguer a majestade de planetas.

Assim, o azul que se desgarra do céu,
Dos mares magistral aluno,
Desenrola-se em seu rosto como fino véu

E no momento mais belo e oportuno
Desvela-se o imperial corcel
Anunciando as bodas de Netuno.

TRINDADE

Enquanto houver a sede da mudança
Portas se abrirão, ainda que aos murros
Ainda que aos gritos se falharem os sussurros
Ainda que o atropelo sobrepujar a dança

Enquanto o estampido for do passo à frente
E da vontade de vencer o injusto, inerte
Sempre haverá o saboroso flerte
Com o novo, imprevisível, inconsequente

Enquanto tua lembrança for escudo
Não há mal que me leve a alegria
Por mais que a pele seja cinza e fria
Por mais que o grito seja torto e mudo

CHEIO DO VAZIO

Quando você me disse que era eterno
Eu e você, um eterno nós
Não imaginei que para sempre seria um segundo

Compartilhei contigo verdades que até a mim me eram
novas
Amarrei meu corpo ao teu, colado à esperança de amar
Mas teu corpo era oco, um fantasma em carne

E sendo vácuo e indiferença e desprezo
Você buscou sua completude roubando a minha

Eu, outrora insatisfeito com meu eu
Hoje quero de volta o que perdi em ti
Na ingenuidade de te preencher de mim

FUTURO

Para meu amado, meu amor
Que conheço dos dias que virão
Confesso esmagar-me na saudade do beijo que ainda não
existe
À medida que meu coração se perde no tempo e no
espaço

Meu amado, minha alma, minha pele,
Meu vínculo com o olhar cheio de brilho
Vivo em ti para que não haja mais choro
Amarro-te em meus braços para sufocar a tristeza

Eu te adianto para que em mim haja razão de ser

RESOLUÇÃO

Ele disse que não queria me machucar entrando no trem
que me atropelaria
E vangloriou-se por supostamente evitar que eu caísse.
Uma lágrima caiu em direção ao seu sorriso falso,
Mas não houve sequer um brilho justo
E o choro contradisse as ações

A roda da fortuna, manchada por suas mentiras
Saltou como uma roleta viciada, um fim previsto.
Covarde, partiu num voo enganoso, aparentemente belo,
Envolto nos perfumados calores da primavera,
Deixando-me por culpado aos olhos dos meus amigos

Sempre sou eu o erro, nunca o alvo do alvejar de
injustiças.
Se o pelotão de fuzilamento sempre me alveja sem
titubear,
Por que é que ainda há tanta gente criminosa e injusta?

Basta de aceitar o que cospes sobre mim.

AQUELE MOMENTO

73

Como quem ama o vento, errado e sinuoso,
Balançando os eucaliptos e arqueando os sonhos,
Eu amo tudo o que você é, ainda que eu não deva amar
Nos delírios dos arpejos encontro a selvageria de seus
lábios
Fluxo da verdade através do vulgar encontro de coxas
Centelhas tímidas no rubor das maçãs do teu rosto

NIX

74

Sob o mesmo sol, mas nada é como antes.
O brilho, antes terno, é pesado, e o calor, feitiço
O sorriso da lua crescente se desfaz
Porque a noite, manchada em ruína
Enquanto com seus cabelos os astros acortina
Pede por paz

AOS OLHOS DE TODOS

75

Quando entrelaçamos nossas mãos, um é tudo e tudo é
um.
Seu toque em meus dedos preenche a minha alma e, de
fato
Eu outrora impotente diante da violência do mundo
Sinto brilhar em ti minha escuridão
Acalmar em ti minha tempestade.

Em uma nota suave de teu bolero sussurrante
Acordo na mágica máscara de ser eu e mais ninguém.

Tudo em mim é inverno. Tudo em ti é verão.

O estender de teus olhos pedindo-me um beijo público
Faz brilhar minha esperança estéril.
Você é fragrância, amor, luz, sopro e consolo
Mas acima de tudo esperança

DESENCONTRO

Quando ela olhou nos olhos dele
Fugindo como uma lembrança pela noite,
Ela sonhou com um abraço, um sonho que nunca revelou.
Desabrochou na chuva que caía sobre os dois
Mas tendo só ela se aberto em angústia e névoa,
vacilou.

Quando ele olhou nos olhos dela
Tentando chamá-la em voz baixa
Rodeado pela fina névoa do inseguro
Ele sonhava em tomá-la nos braços, um sonho que nunca
revelou.
O frescor de sua presença, tal qual o da chuva que caía
Ela era mais do que ele achava merecer
e ele vacilou.

Nunca mais se viram e o que sonharam se foi com a
chuva
E subindo em vapores nunca mais voltou

ECO

Eu gritei com a vida, voz plena nas planícies
No calor de uma estrela, a lua por testemunha.
Pedi que explicasse minha dor, que lateja e não para.
Punhos cerrados, alma embargada,
Luzes pálidas do céu escuro.

A noite, com olhos de desprezo,
respondeu que eu era a razão dos meus gritos.
Nem me deu a dignidade de uma palavra sua:
Trouxe aos meus ouvidos o eco de tudo o que fiz.

MEUS VERSOS

78

Há quem diga que os versos libertam; versos matam.
Meu duelo é diário, minha derrota é visível
No espelho, reflexo de um eu que se deteriora em estrofes.

Como quem alveja a própria Morte
Levanto-me como um serafim solitário da última mensagem
Guiando a procissão soturna de versar sobre ti

TERRA

Entre o que sou e o meu querer
Há um abismo que me traga, me consome,
Impele-me a me soltar - último voo
Fosso adentro das profundezas do meu ser

Longe de ser o par de asas que eu queria,
Pois minhas vontades pintaram estrelas tão distantes
Que não posso mais tocá-las, e ao vê-las,
Sinto falta do que fui um dia

Frágil, árvore solitária na floresta,
Se eu arranco minhas raízes, consumo-me
E se permaneço, murcho, e as flores secas
São o que não quero, mas me resta

E, diante da cortina que se encerra,
Por um instante, olho pra baixo e, finalmente,
Entendo quem sou e o meu lugar:
Eu nunca fui árvore; sou terra

DESFECHO

Nosso amor é notório como planetas na brisa
É lâmina cirúrgica, clara, ofuscante, precisa

Nosso amor é refúgio para a chuva que despenca
É natureza sutil presa nas folhas da avenca

Nosso amor é a sinestesia andando na ponta dos pés
É o despertar da fortuna, a condenação do revés

Nosso amor é uma pérola, brilhando na colheita de
Vênus
E nosso fim é o apodrecer de todos os terrenos

SOBRE O AUTOR

Autor de Cemitério de Espelhos, também publicado pela Amazon, e apaixonado pela escrita e a leitura desde a infância. Formado em Letras pela Universidade Estadual de Maringá (UEM), onde estudou os grandes poetas, em especial Álvaro de Campos, heterônimo de Fernando Pessoa, sua maior inspiração e influência no verso. trabalha como revisor de textos há mais de uma década e desenvolve alguns projetos que pretende publicar muito em breve.